Wraps

Tortilla, Burrito und Co.

OTUS Lifestyle

INHALT

VORWORT

Wraps sind genau das Richtige, wenn es einmal schnell gehen muss. Außerdem können sie einfach aus der Hand gegessen werden, ohne sich dabei die Finger schmutzig zu machen. So sind die gefüllten Rollen auch unterwegs oder beim Partybüffet äußerst praktisch. Ebenso unkompliziert sind Wraps, Burritos und Co. in der Herstellung: einfach Füllung vorbereiten, einwickeln und fertig! Sie können hervorragend zur Resteverwertung verwendet werden und sind schnell gemacht, wenn sich spontan Besuch ankündigt.

Wraps gehören zu den klassischen Fast-Food-Gerichten. Dass Fast- oder Fingerfood nicht automatisch ungesund sein muss, beweisen die in diesem Buch vorgestellten Rezepte. Wer wenig Zeit hat und sich dennoch mit vielen verschiedenen Zutaten ausgewogen und abwechslungsreich ernähren will, kann sich seine Wraps ganz nach persönlichem Geschmack und individuellen Ernährungsbedürfnissen zusammenstellen. Ob Fisch oder Fleisch, Obst oder Gemüse, mit oder ohne Dip: Hier ist für jeden Geschmack etwas dabei. Alle Rezepte sind nach ihrer Zubereitungsdauer sortiert, so dass Sie Ihrem Zeitbudget entsprechend das passende Gericht aussuchen können.

Viel Spaß beim Füllen, Rollen und Genießen!

Zeichenerklärung: *Vorbereitungszeit* *Garzeit* *Portionen*

EINFÜHRUNG

Unser Alltag wird immer schnelllebiger und stressiger, viel zu oft leidet leider auch unsere Ernährung darunter. So greifen viele nach einem anstrengenden Arbeitstag schnell zu Fertigpizza oder Dosenraviolis oder rufen gleich den Lieferservice an, weil einfach keine Zeit und keine Lust mehr vorhanden sind, um ein aufwendiges Gericht in der Küche zu kochen. Damit ist jetzt Schluss! In diesem Buch finden Sie wunderbar einfache Rezepte, die vor allem blitzschnell gelingen. Zaubern Sie innerhalb von Minuten schmackhafte und gesunde Gerichte mit minimalem Aufwand. Damit Sie jederzeit mit den Speedrezepten losstarten können, sollten Sie einige Zutaten immer im Haus haben. So sparen Sie sich bei vielen Rezepten sogar den Gang zum Supermarkt.

BURRITOS, TACOS UND CO.

Röllchen und Wraps (von englisch „to wrap“: „wickeln“) gibt es in vielen Länderküchen. Bei uns beispielsweise sind Pfannkuchenröllchen bekannt, in Frankreich gerollte Crêpes und in Asien Sushi und Frühlingsrollen. Doch das, was man klassischerweise als Wraps bezeichnet, die Tortilla-Wraps, stammen aus der amerikanisch-mexikanischen Küche. Hierbei werden dünne Fladenbrote mit einer beliebigen Füllung gefüllt und eingerollt. Als Füllung verwendet man z. B. Fleisch oder Geflügel, Fisch, Gemüse und Salat. Dazu kommen nach Belieben verschiedene würzige Dips und Soßen. Doch wie unterscheiden sich Burritos, Tacos, Quesadillas und Co.?

GRUNDZUTATEN AUS DER VORRATSKAMMER:

Weizentortillas, Tacoschalen, Konserven (z. B. mit Bohnen, Mais, Tomaten, Thunfisch), Gläser mit Gewürzgurken, Peperoni, Oliven, Kapern und eingelegten Champignons etc., Zwiebeln, Knoblauch, verschiedene Öle (z. B. Balsamico, Olivenöl), eine Auswahl an Essigen (Apfelessig, Balsamico, Weißweinessig etc.), Mehl

GRUNDZUTATEN AUS DEM KÜHLSCHRANK UND DEM TIEFKÜHLFACH:

geriebener Käse, Schnittkäse, Frischkäse, Crème fraîche, Joghurt, Sahne, saure Sahne, Schmand, Quark, Milch, Butter, Eier, Wurst (z. B. Schinken, Salami), Lachs, Hackfleisch, Salat, TK-Kräuter

GRUNDZUTATEN AUS DEM GEWÜRZREGAL:

Salz, Pfeffer, Cayennepfeffer, Zucker, Paprikapulver, Chiliflocken, Oregano, Kreuzkümmelpulver, Muskat, Gemüsebrühepulver, verschiedene Soßen (z. B. Chilisoße, Guacamole, Salsa, Knoblauchsoße), Ketchup, Salatmayonnaise, Tomatenmark

ZUBEHÖR:

In der Speedküche darf außerdem folgendes Zubehör nicht fehlen: beschichtete Pfannen, Töpfe, Schüsseln, Schneidbrett und Messer, Stabmixer oder Mixer, Küchenwaage, Messbecher, Schneebesen, Kochlöffel, Pfannenwender, Gemüseschäler, Raspelreibe

Quesadillas
Geklappt und nicht gerollt werden die Weizentortillas bei der Quesadilla. Die vorgegrillten oder gebratenen Teigfladen werden mit Käse und anderen Zutaten gefüllt und zusammengeklappt oder man verteilt die Füllung auf einer Tortilla und legt eine weitere darüber. Dann wird das Ganze gebacken, gegrillt oder gebraten, bis der Käse geschmolzen ist. Man serviert die Quesadillas wie einen Kuchen in Stücke geschnitten – genau das Richtige für Partys.

Tortillas
So nennt man mexikanische Teigfladen aus Weizen- oder Maismehl. Sie gibt es in fast jedem Supermarkt fertig zu kaufen – in Durchmessern von 20 oder 26 Zentimetern. Empfehlenswert sind Tortillas aus Weizenmehl, denn solche aus Maismehl sind nicht elastisch genug und können beim Rollen leicht brechen.

Burritos
Dies sind weiche Weizentortillas, die gerollt serviert werden. Klassischerweise sind sie mit Hackfleisch, Gemüse und etwas Soße gefüllt. Auch Käse, grüner Salat oder saure Sahne werden manchmal hierfür verwendet.

Tacos
Sie bestehen aus Weizen- oder Maistortillas. Klassischerweise wird die Tortilla hierzu gebraten oder gegrillt, gefüllt und so zusammengeklappt, dass eine oben offene, halbmondförmige Tasche entsteht. Tacoschalen kann man jedoch auch fertig kaufen. Die klassische Füllung besteht aus einer Mischung aus Fleisch und Gemüse, teils auch aus Fisch und Meeresfrüchten. In der Regel kommt eine scharfe Salsa-Soße hinzu.

TORTILLAS RICHTIG VORBEREITEN

Die Tortillafladen kann man zwar auch selbst machen, wer jedoch möglichst schnell kochen will, sollte zu fertigen

Tortillas greifen. Damit sie sich gut biegen und rollen lassen, ohne brüchig zu werden und Risse zu bekommen, ist es sinnvoll, die Tortillas ca. 10–20 Sekunden von jeder Seite in einer Pfanne ohne Fettzugabe bei mittlerer Hitze zu erwärmen. Man kann sie jedoch auch bei 200 °C (Umluft: 180 °C) ca. 1 Minute im vorgeheizten Backofen erhitzen. Alternativ können Sie sie auch in der Mikrowelle bei 750 Watt erwärmen. Eine Tortilla braucht dabei ca. 10 Sekunden, sechs Stück ca. 1 Minute. Wenn man sie vor dem Erwärmen mit ein wenig Wasser beträufelt, bleiben sie besonders geschmeidig.

DIE FÜLLUNG

Bei der Füllung lohnt es sich, zu variieren und erfinderisch zu sein. Je nach Geschmack servieren Sie in Ihrem Wrap z. B. scharf angebratenes Fleisch, Fisch, Meeresfrüchte oder Gemüse. Sie haben noch Reste von Wurst, Käse, Obst oder Salat im Haus? Dann ergänzen Sie doch einmal die bewährten Rezepte mit passenden Zutaten! Wichtig ist nur, dass die einzelnen Zutaten vom Geschmack und von der Konsistenz her gut zusammenpassen. So können Sie z. B. Wraps mit Salat und Gemüse mit etwas würzigem Käse oder knackigen Nüssen ergänzen. Außerdem sollten Sie darauf achten, die Füllung ausgewogen zu würzen. Wraps gibt es in warmen oder kalten Varianten. Vor allem, wenn Sie Ihre Wraps kalt essen, dürfen Sie auch schon einmal etwas tiefer ins Würzregal greifen.

SPEED KOCHEN

GERICHTE BIS 10 MINUTEN

MAIS-TOMATEN-BOHNEN-QUESADILLAS

ca. 3 Min. ca. 7 Min. 3 Portionen

ZUTATEN

1 Dose Bohnen
1 Dose Mais
Kräuter für die Garnitur
1 Zwiebel
1 TL Öl
1/2 Pck. passierte Tomaten
6 Weizentortillas
200 g geriebener Käse

ZUBEREITUNG

1. Bohnen und Mais über einem Sieb abtropfen lassen. Kräuter waschen, trocken schütteln und Blättchen abzupfen. Zwiebel schälen und fein hacken.

2. Öl erhitzen und Zwiebel darin glasig dünsten. Bohnen, Mais und Tomaten zugeben und erwärmen.

3. Eine Tortilla ohne Fettzugabe in eine heiße beschichtete Pfanne legen, Gemüsemischung darauf verteilen, mit etwas geriebenem Käse bestreuen und eine weitere Tortilla darauflegen. Leicht andrücken und ca. 1–2 Minuten von beiden Seiten braten, bis der Käse geschmolzen ist. Mit den übrigen Tortillas genauso verfahren. Mit Kräutern garniert servieren. Dazu passt ein Sour-Cream-Dip.

WRAPS MIT SCHINKEN UND KÄSE

ca. 5 Min. *2 Portionen*

ZUBEREITUNG

1. Salatblätter waschen und trocken schütteln. Jeweils 1 Salatblatt auf 1 Tortilla legen und etwas saure Sahne darauf verstreichen.

2. Schinken darüberlegen, restliche saure Sahne daraufgeben und mit je einer Hälfte der Käsescheibe belegen.

3. Tortillas zusammenrollen und mit einem scharfen Messer schräg in der Mitte durchschneiden.

Tipp Untere Hälfte mit einer Papierserviette umwickeln und mit einem hübschen Band fixieren. So lassen sich die Wraps nicht nur dekorativ servieren, sondern auch leichter essen.

ZUTATEN

2 Blätter Eisbergsalat
2 Weizentortillas
1 EL saure Sahne
2 Scheiben gekochter Schinken
1 Scheibe Schnittkäse

SPEED KOCHEN

WRAP-RÖLLCHEN MIT LACHS UND FRISCHKÄSEFÜLLUNG

ca. 5 Min. *2 Portionen*

ZUTATEN

2 Weizentortillas
1 Stängel frischer Dill
1 kleiner Becher Meerrettichfrischkäse
4 Scheiben Räucherlachs
etwas orangefarbener Kaviar

ZUBEREITUNG

1. Tortillas einige Sekunden in der Mikrowelle erwärmen. Dill waschen, trocken schütteln und Fähnchen abzupfen.

2. Jeweils eine Tortilla mit Frischkäse bestreichen und mit Räucherlachs belegen. Tortillas zusammenrollen und in ca. 4 Zentimeter dicke Scheiben schneiden. Mit Kaviar und frischem Dill dekoriert servieren.

Tipp Die Röllchen kann man auch schon am Vorabend vorbereiten und über Nacht im Kühlschrank ziehen lassen.

SPEED KOCHEN

ERDNUSSBUTTER-BANANEN-WRAPS

ca. 5 Min. *4 Portionen*

ZUTATEN

4 Weizentortillas
2 Bananen
8 EL Erdnussbutter
4 EL Honig
1 Handvoll Rosinen

ZUBEREITUNG

1. Tortillas einige Sekunden in einer beschichteten Pfanne oder in der Mikrowelle erwärmen.

2. Bananen schälen und in Scheiben schneiden. Tortillas gleichmäßig mit Erdnussbutter bestreichen und mit Honig beträufeln.

3. Bananen und Rosinen auf den Tortillas verteilen. Tortillas aufrollen und gegebenenfalls mit Zahnstochern fixieren.

Tipp Vor allem bei Wraps, die auch kalt gegessen werden können, liegt es nahe, diese am Vortag vorzubereiten und am nächsten Tag z. B. in die Arbeit mitzunehmen. Hier kommt es jedoch auch auf die Zutaten an, damit Dips und Cremes andere Zutaten nicht matschig werden lassen. Die meisten Wraps schmecken frisch einfach am besten!

WRAPS MIT SCHINKEN UND RAUKENPESTO

ca. 5 Min. *4 Portionen*

ZUTATEN

1 Bund Rauke
150 g Käse (z. B. Gouda, Raclettekäse)
4 dünne Weizentortillas
4 geh. TL Raukenpesto
8 Scheiben geräucherter Schinken
einige Spritzer Balsamico

ZUBEREITUNG

1. Rauke waschen und trocken schütteln. Käse in Streifen schneiden. Tortillas einige Sekunden in einer beschichteten Pfanne oder in der Mikrowelle erwärmen.

2. Hälfte der Tortillas mit Pesto bestreichen und mit je 2 Scheiben Schinken belegen. Käse und Rauke darauf verteilen, mit etwas Balsamico beträufeln, mit restlichen Tortillas bedecken und einrollen.

Tipp Auch warm sind die Wraps lecker. Dazu Backofen auf 130 °C (Umluft: 110 °C) vorheizen, fertige Wraps in Alufolie einwickeln und ca. 5–10 Minuten auf dem Rost im vorgeheizten Backofen erwärmen.

SPEED KOCHEN

QUESADILLAS MIT PUTENBRUST

ca. 5 Min. ca. 5 Min. 2 Portionen

ZUBEREITUNG

1. Zwiebeln schälen und fein hacken. Tomaten klein schneiden. Putenbrust in kleine Stücke schneiden und mit Käse, Zwiebeln, Tomaten, Koriander und Cayennepfeffer vermengen.

2. Mischung auf zwei Tortillas verteilen, mit den beiden anderen Tortillas bedecken. Mit Olivenöl beträufeln und wenige Minuten in der Pfanne braten, bis der Käse geschmolzen ist.

Tipp Ganz stilecht geht es in einem speziellen Quesadilla-Grillgitter, in dem die Tortillas ca. 10 Minuten auf dem Grill gegart werden.

ZUTATEN

2 Zwiebeln
2 gehäutete Tomaten (Dose)
250 g Putenbrust (gebraten)
150 g geriebener Käse (z. B. Cheddar)
2 EL frisch gehackter Koriander
1 Msp. Cayennepfeffer
4 Weizentortillas
2 EL Olivenöl

SPEED KOCHEN

WRAPS MIT PUTENBRUST, SALAT UND TOMATEN

ca. 6 Min. *2 Portionen*

ZUTATEN

einige Blätter Salat (z. B. Endivien-, Bataviasalat)
150 g Cherrytomaten
1 gekochtes Putenbrustfilet
2 Weizentortillas
200 g Frischkäse
1 EL Naturjoghurt
1/2 TL Currypaste
1 TL gehackte Kräuter
etwas geriebener Käse

ZUBEREITUNG

1. Salat waschen und trocken schleudern. Tomaten waschen, von den Stielansätzen befreien und in Scheiben schneiden. Putenbrustfilets in Streifen schneiden.

2. Tortillas einige Sekunden in einer beschichteten Pfanne oder in der Mikrowelle erwärmen. Frischkäse, Joghurt, Currypaste und Kräuter verrühren und Wraps damit bestreichen.

3. Salat, Tomaten, Putenbrust und geriebenen Käse auf der Hälfte der Tortillas verteilen. Fest einrollen und mit Zahnstochern fixieren.

SPEED KOCHEN

BANANEN-HEIDELBEER-BURRITOS MIT JOGHURT

ca. 7 Min. *4 Portionen*

ZUBEREITUNG

1. Bananen in Scheiben schneiden. Heidelbeeren waschen und verlesen. Tortillas nacheinander in einer heißen beschichteten Pfanne ohne Fett beidseitig einige Sekunden backen.

2. Joghurt großzügig auf die Tortillas streichen, Bananen und Heidelbeeren darauf verteilen und Tortillas zusammenrollen. Nach Geschmack mit Puderzucker bestreuen und servieren.

Tipp Je nach Art des Wraps gibt es verschiedene „Rolltechniken“. Meist verteilt man die Füllung in der Mitte der Tortilla, schlägt den unteren Rand nach oben und klappt die Seitenränder übereinandergelegt nach innen ein. Wer kleinere Röllchen will, kann die Tortilla auch einfach von der Unterseite her bis nach oben aufrollen und schräg in Stücke schneiden.

ZUTATEN

2 große Bananen
1 Handvoll Heidelbeeren
4 große Weizentortillas
500 g Vanillejoghurt
etwas Puderzucker

SPEED KOCHEN

WRAPS MIT SALAMI, KÄSE UND TOMATEN

ca. 7 Min. 2 Portionen

ZUTATEN

4 Blätter Salat (z. B. Eisbergsalat) sowie einige Salatblätter für die Garnitur
2 kleine Tomaten
2 Weizentortillas
1 EL Frischkäse
Salz
frisch gemahlener Pfeffer
4 Scheiben Schnittkäse
2 Scheiben Salami

ZUBEREITUNG

1. Salat waschen und trocken schleudern. Tomaten waschen, Stielansätze entfernen und Tomaten klein schneiden.

2. Tortillas einige Sekunden in einer beschichteten Pfanne oder in der Mikrowelle erwärmen und dünn mit Frischkäse bestreichen. Salzen und pfeffern.

3. Tortillas mit je 1 Scheibe Käse, Salami, Salat und einer weiteren Scheibe Käse belegen. Tomaten daraufgeben und Tortillas aufrollen. In der Mitte halbieren und auf Salatblättern servieren.

SPEED KOCHEN

WRAPS MIT GEMÜSE UND FRISCHKÄSE

ca. 7 Min. 2 Portionen

ZUBEREITUNG

1. Tortillas einige Sekunden in der Mikrowelle oder in einer beschichteten Pfanne erwärmen. Paprikaschoten waschen, entkernen und in Streifen schneiden. Möhren waschen und in Stifte schneiden. Salat waschen, trocken schleudern und gegebenenfalls zerkleinern.

2. Tortillas mit etwas Buttermilchfrischkäse bestreichen. Paprikaschoten, Möhren und Salat auf das untere Ende der Tortillas legen, salzen und pfeffern, einen Klecks Buttermilchfrischkäse daraufgeben und Tortillas aufrollen.

Tipp Eventuell übrig gebliebenes Gemüse können Sie als Garnierung verwenden.

ZUTATEN

4 Weizentortillas
1 rote Paprikaschote
1 gelbe Paprikaschote
1 grüne Paprikaschote
2 Möhren
10 Blätter Kopfsalat
einige EL Buttermilchfrischkäse
Salz
frisch gemahlener Pfeffer

SPEED KOCHEN

KÄSE-QUESADILLAS MIT AVOCADO-TOMATEN-SALAT

ca. 7 Min. *ca. 2 Min.* *4 Portionen*

ZUTATEN

2 große Tomaten
1 Zwiebel
2 Stängel Basilikum
2 reife Avocados
Saft von 1/2 Zitrone
Salz
frisch gemahlener Pfeffer
Cayennepfeffer
2 EL Öl
1 Prise Zucker
8 Weizentortillas
150 g geriebener Käse

ZUBEREITUNG

1. Tomaten waschen, halbieren, vom Stielansatz befreien und würfeln. Zwiebel schälen und fein hacken. Basilikum waschen, trocken schütteln, Blättchen abzupfen und fein hacken. Avocados halbieren, Kern entfernen und Fruchtfleisch würfeln.

2. Zitronensaft, Salz, Pfeffer, Cayennepfeffer, Öl und Zucker verrühren. Zwiebel und Basilikum zugeben. Tomaten und Avocados unter das Dressing mischen.

3. Jeweils eine Tortilla mit Käse bestreuen und mit einer weiteren Tortilla abdecken. Eine beschichtete Pfanne erhitzen und Tortillas darin bei mittlerer Hitze ca. 1–2 Minuten von beiden Seiten rösten. In Stücke schneiden und heiß servieren.

SPEED KOCHEN

WRAPS MIT GEMÜSEFÜLLUNG

ca. 10 Min. *4 Portionen*

ZUBEREITUNG

1. Knoblauch schälen, durch die Knoblauchpresse pressen und mit Joghurt verrühren. TK-Kräuter untermischen und mit Salz sowie Cayennepfeffer abschmecken.

2. Backofen auf 70 °C (Umluft: 50 °C) vorheizen. Eine beschichtete Pfanne ohne Fett erhitzen. Tortillas darin nacheinander von jeder Seite ca. 30 Sekunden braten. Tortillas im vorgeheizten Backofen warm halten.

3. Tortillas mit etwas Kräuterjoghurt bestreichen, mit Gemüse und Salatblättern belegen, mit Salz und Pfeffer würzen und alles zusammenrollen. Restlichen Kräuterjoghurt als Dip dazu servieren.

ZUTATEN

1 Knoblauchzehe
1 Becher Joghurt
gemischte Kräuter (TK-Produkt) sowie einige frische Kräuter für die Garnitur (z. B. Petersilie, Schnittlauch, Minze)
Salz
Cayennepfeffer
4 Weizentortillas
500 g Gemüse (z. B. Paprika- und Gurkenstifte, gewürfelte Tomaten und Avocados, Zwiebelringe)
einige Salatblätter
frisch gemahlener Pfeffer

SPEED KOCHEN

WRAPS MIT ROTER BETE UND CHAMPIGNONS

ca. 10 Min. *4 Portionen*

ZUTATEN

4 Weizentortillas
einige Salatblättchen für die Garnitur
300 g Rote Bete (gekocht, vakuumiert)
150 g Feta
2 EL Olivenöl
Salz
frisch gemahlener Pfeffer
1 EL eingelegte Champignons

ZUBEREITUNG

1. Tortillas einige Sekunden in der Mikrowelle oder in einer beschichteten Pfanne erwärmen. Salat waschen und trocken schütteln.

2. Hälfte der Roten Bete mit Feta und Olivenöl im Mixer grob pürieren. Mit Salz und Pfeffer abschmecken. Von der restlichen Roten Bete einige Scheiben abschneiden und für die Garnitur beiseitestellen. Rest fein raspeln und gut abtropfen lassen.

3. Rote-Bete-Feta-Mischung auf den Tortillas verstreichen. Rote-Bete-Raspeln sowie Champignons darauf verteilen und Tortillas einrollen. In Röllchen schneiden und mit Rote-Bete-Scheiben und Salatblättchen garniert servieren.

SPEED KOCHEN

GERICHTE BIS 20 MINUTEN

HÜHNCHEN-WRAP MIT CHILISOSSE

ca. 5 Min. *ca. 10 Min.* *4 Portionen*

ZUTATEN

400 g Hähnchenbrustfilet (gebraten)
4 Gewürzgurken
4 Blätter Salat
4 Weizentortillas
4 Scheiben Käse
etwas süße Chilisoße

ZUBEREITUNG

1. Backofen auf 180 °C (Umluft: 160 °C) vorheizen. Hähnchenbrust und abgetropfte Gewürzgurken in Streifen schneiden. Salat waschen und trocken schütteln.

2. Tortillas mit je einer Scheibe Käse, Gurken und Hähnchenbrust belegen und ca. 5–10 Minuten im vorgeheizten Backofen überbacken.

3. Tortillas mit Salat belegen, nach Geschmack mit Chilisoße würzen und Tortillas fest einrollen. Schräg halbieren und servieren.

SPEED KOCHEN

KÜRBIS-QUESADILLAS

ca. 5 Min. ca. 15 Min. 4 Portionen

ZUBEREITUNG

1. Kürbisfleisch fein würfeln. Zwiebel schälen und klein schneiden. Spinat waschen und über einem Sieb gut abtropfen lassen. Petersilie waschen, trocken schütteln und Blättchen fein hacken.

2. Zwiebel in Öl anbraten, Kürbis zugeben und von allen Seiten ca. 2–3 Minuten mitbraten. 40 Milliliter Wasser zugießen und Spinat untermischen. Ca. 10 Minuten weiterbraten. Mit Salz und Pfeffer abschmecken.

3. Kürbismischung gleichmäßig auf den Tortillas verteilen, Feta darüberbröckeln und mit etwas Petersilie bestreuen. Zur Hälfte einschlagen und in einer Pfanne ohne Fettzugabe von beiden Seiten kurz anbraten. In der Mitte durchschneiden und mit restlicher Petersilie garniert servieren.

ZUTATEN

300 g Kürbisfleisch
1 Zwiebel
4 Weizentortillas
200 g Blattspinat
einige Stängel Petersilie
1 TL Öl
Salz
frisch gemahlener Pfeffer
80 g Feta

QUINOA-WRAP MIT ROTER BETE

ca. 5 Min. *ca. 15 Min.* *4 Portionen*

ZUTATEN

4 große Weizentortillas
1/2 Tasse rote Quinoa
1 Tasse Gemüsebrühe
60 g Radieschensprossen
500 g Rote Bete (gekocht, vakuumiert)
1 Möhre
1 Stück Gurke
einige EL Guacamole

ZUBEREITUNG

1. Tortillas einige Sekunden in einer beschichteten Pfanne oder in der Mikrowelle erwärmen. Quinoa in einem feinmaschigen Sieb gut abspülen. Mit Gemüsebrühe zum Kochen bringen und ca. 15 Minuten köcheln lassen. Absieben und beiseitestellen.

2. Sprossen waschen, Rote Bete fein raspeln. Möhre waschen, Gurke schälen und beides in Stifte schneiden.

3. Guacamole auf den Tortillas verstreichen. Quinoa, Sprossen, Rote Bete, Möhre und Gurke darauf verteilen und Wraps einrollen.

SPEED KOCHEN

CHILI-TACOS MIT MEXIKANISCHER SALSA

ca. 5 Min. ca. 15 Min. 4 Portionen

ZUBEREITUNG

1. Backofen auf 180 °C (Umluft: 160 °C) vorheizen. Zwiebel schälen und in Ringe oder Streifen schneiden. Chilischote waschen, Stielansatz entfernen, Chilischote entkernen und fein würfeln. Kräuter waschen, trocken schütteln und fein hacken. Salat waschen, trocken schleudern und Blätter gegebenenfalls zerkleinern. Tacoschalen mit der offenen Seite nach unten auf einem Backblech im vorgeheizten Ofen ca. 3–4 Minuten erwärmen.

2. Öl erhitzen und Zwiebel darin andünsten. Hackfleisch zugeben und anbraten. 200 Gramm Salsa zugeben. Mit Salz und Pfeffer abschmecken. Mais und Chilischote zugeben und kurz miterhitzen. Kräuter einrühren.

3. Tacoschalen innen dick mit restlicher Salsa bestreichen, mit Salat auslegen und mit Hackfleisch-Mischung füllen.

ZUTATEN

12 Tacoschalen
1 rote Zwiebel
1 Chilischote
einige Stängel Kräuter (z. B. Petersilie, Koriander)
einige Blätter Salat (z. B. Eisbergsalat)
etwas Öl
250 g Hackfleisch
400 g mexikanische Salsa
Salz
frisch gemahlener Pfeffer
3 EL Mais (Dose)

TACOS MIT HACKFÜLLUNG

ca. 7 Min. *ca. 10 Min.* *4 Portionen*

ZUTATEN

4 Tacoschalen
1 Zwiebel
frische Kräuter für die Garnitur
1 rote Paprikaschote
1 grüne Paprikaschote
1 Dose Mais
2 EL Öl
250 g Hackfleisch
2 EL Tomatenketchup
Salz
frisch gemahlener Pfeffer
Cayennepfeffer

ZUBEREITUNG

1. Backofen auf 180 °C (Umluft: 160 °C) vorheizen. Tacoschalen mit der offenen Seite nach unten auf ein Backblech legen und ca. 5 Minuten im vorgeheizten Backofen erwärmen. Zwiebel schälen und fein würfeln. Kräuter waschen, trocken schütteln und Blättchen abzupfen. Paprikaschoten waschen, entkernen und fein würfeln. Mais abtropfen lassen.

2. Öl erhitzen und Zwiebel darin glasig dünsten. Hackfleisch zugeben und krümelig braten. Paprikaschoten, Mais und Ketchup zugeben und unterrühren. Mit Salz, Pfeffer und Cayennepfeffer abschmecken.

3. Hackfleisch-Mischung in die Tacoschalen füllen und mit Kräutern garniert servieren.

WRAPS MIT HÄHNCHEN-GYROS

ca. 8 Min. ca. 10 Min. 4 Portionen

ZUBEREITUNG

1. Zwiebel und Knoblauch schälen und fein hacken. Hähnchenbrustfilet in Stücke schneiden. Salat waschen und trocken schleudern.

2. Öl erhitzen und Hähnchen darin scharf anbraten, Zwiebeln und Knoblauch zufügen und kurz mitbraten. Mit Gewürzen abschmecken und abkühlen lassen.

3. Tomate waschen, halbieren, vom Stielansatz befreien, entkernen und in Streifen schneiden. Mit Hähnchen-Gyros vermischen. Crème fraîche mit Essig glatt rühren und mit Salz und Pfeffer abschmecken.

4. Tortillas einige Sekunden in der Mikrowelle erwärmen, mit Salat belegen und Hähnchen-Gyros darauf verteilen. Mit etwas Essig-Crème-fraîche beträufeln. Tortillas zusammenrollen, in der Mitte schräg durchschneiden und servieren.

ZUTATEN

1 Zwiebel, 1 Knoblauchzehe
300 g Hähnchenbrustfilet
4 Blätter Eisbergsalat
2 EL Olivenöl
1–2 Msp. Chiliflocken
1 TL edelsüßes Paprikapulver
1/2 TL Kreuzkümmelpulver
1 TL Oregano
Salz, frisch gemahlener Pfeffer
1 Tomate
100 g Crème fraîche
1 TL Essig
4 Weizentortillas

SPEED KOCHEN

HÜHNCHEN-TORTILLAS MIT JOGHURTDIP

ca. 10 Min. ca. 5 Min. 6 Portionen

ZUTATEN

6 Weizentortillas
1 kleiner Eisbergsalat
1/2 unbehandelte Salatgurke
2 Knoblauchzehen
500 g Joghurt
6 TL Olivenöl
abgeriebene Schale von
1 unbehandelten Zitrone
Salz, Cayennepfeffer
frisch gemahlener Pfeffer
Paprikapulver
400 g Hähnchenbrustfilet
150 g Frischkäse
2 TL gemischte Kräuter

ZUBEREITUNG

1. Tortillas einige Sekunden in der Mikrowelle erwärmen. Salat putzen, waschen und trocken schütteln. Gurke waschen und in kleine Würfel schneiden. Knoblauch schälen und fein hacken. Mit Joghurt vermischen, 3 Teelöffel Olivenöl und Zitronenschale zugeben und mit Salz und Cayennepfeffer abschmecken.

2. Aus 2 Teelöffeln Öl, Pfeffer, Paprikapulver und Salz eine Marinade anrühren. Hähnchenbrust in kleine Würfel schneiden und in der Marinade kurz durchziehen lassen. Im restlichen Öl scharf anbraten und abkühlen lassen.

3. Frischkäse mit Kräutern mischen und mit Salz und Pfeffer abschmecken. Auf die Tortillas streichen und mit Hähnchen, Salat und Gurke belegen. Tortillas einrollen und in ca. 6 Zentimeter dicke Stücke schneiden. Mit Joghurtdip servieren.

SPEED KOCHEN

GEMÜSE-QUESADILLAS

ca. 10 Min. ca. 8 Min. 6 Portionen

ZUBEREITUNG

1. Crème fraîche und saure Sahne verrühren und mit Salz und Pfeffer abschmecken. Dip bis zum Servieren kalt stellen.

2. Zwiebel schälen und fein hacken. Tomaten waschen, Stielansätze entfernen und Tomaten in Scheiben schneiden. Mais abtropfen lassen. Paprikaschote und Peperoni vom Stielansatz befreien, entkernen und in Scheiben bzw. Ringe schneiden.

3. Zwiebel, Tomaten, Mais, Paprika und Peperoni mischen. Mischung gleichmäßig auf 3 Tortillas verteilen und mit Käse bestreuen. Jeweils 1 Tortilla darüberlegen.

4. Öl erhitzen und Tortillas ca. 3–4 Minuten darin goldbraun braten, vorsichtig wenden und von der anderen Seite ebenso lang braten. Herausnehmen, in Dreiecke schneiden und mit dem Dip servieren. Dazu passt ein frischer grüner Salat.

ZUTATEN

125 g Crème fraîche
125 g saure Sahne
Salz
frisch gemahlener Pfeffer
1 Zwiebel
4 kleine Tomaten
300 g Mais (Dose)
1 rote Paprikaschote
2 Peperoni
6 Weizentortillas
90 g geriebener Käse (z. B. Cheddar)
1 EL Öl

SPEED KOCHEN

MEXIKANISCHE HÄHNCHEN-TACOS

ca. 10 Min. *ca. 10 Min.* *4 Portionen*

ZUTATEN

4 Tacoschalen
200 g Hähnchenbrustfilet
Salz, frisch gemahlener Pfeffer
1 gelbe Paprikaschote
2 rote Zwiebeln
6 Tomaten (rot und gelb)
6 Blätter Salat (z. B. Eisbergsalat)
1 Dose Kidneybohnen
1 EL Öl, 2 EL Chilisoße
1–2 EL frisch gepresster Zitronensaft
Cayennepfeffer
2 EL frischer Koriander

ZUBEREITUNG

1. Backofen auf 180 °C (Umluft: 160 °C) vorheizen. Tacoschalen mit der offenen Seite nach unten ca. 5 Minuten im vorgeheizten Backofen erwärmen. Hähnchenbrust waschen, trocken tupfen und würfeln. Mit Salz und Pfeffer würzen. Paprikaschote waschen, entkernen und in Streifen schneiden. Zwiebeln schälen und in Ringe schneiden. Tomaten waschen, vom Stielansatz befreien und klein schneiden. Salat waschen, trocken schleudern und in Streifen schneiden. Bohnen abtropfen lassen.

2. Öl erhitzen und Hähnchenbrust darin von allen Seiten ca. 3 Minuten braten. Zwiebeln, Paprika, Bohnen und Tomaten zugeben und kurz mitbraten. Vom Herd nehmen und garziehen lassen. Mit Chilisoße und Zitronensaft mischen und mit Salz und Cayennepfeffer abschmecken.

3. Salat und Hähnchen-Gemüse-Mischung in die Tacoschalen füllen und mit Koriander bestreuen.

HÄHNCHEN-QUESADILLAS MIT TOMATENSALSA

ca. 10 Min. ca. 10 Min. 4 Portionen

ZUBEREITUNG

1. Chilischoten waschen, entkernen und fein hacken. Zwiebeln, Frühlingszwiebeln und Knoblauch schälen und ebenfalls fein hacken. Hähnchenfleisch zerkleinern, salzen und pfeffern. Mais abtropfen lassen. Koriander waschen, trocken schütteln und fein hacken. Tomaten waschen und grob hacken. Hälfte der Zwiebeln, Hälfte der Chilischoten, Tomaten, Frühlingszwiebeln und Knoblauch mit etwas Zitronensaft mischen und mit Salz und Pfeffer abschmecken.

2. Hälfte der Tortillas mit Käse, Hähnchen, übriger Zwiebel, übrigen Chilischoten, Mais und Koriander belegen. Jeweils mit einer Tortilla bedecken und vorsichtig zusammendrücken.

3. Öl erhitzen und eine Tortilla ca. 2 Minuten darin goldbraun braten. Vorsichtig wenden und ebenso lang auf der anderen Seite bräunen. Mit der anderen Tortilla wiederholen. Quesadillas in Viertel schneiden und mit Tomatensalsa servieren.

ZUTATEN

2 rote Chilischoten
2 Zwiebeln
3 Frühlingszwiebeln
1 Knoblauchzehe
200 g Hähnchenfleisch (gekocht)
Salz
frisch gemahlener Pfeffer
1/2 Dose Mais
einige frische Korianderblätter
2 Tomaten, etwas Zitronensaft
4 große Weizen- oder Maistortillas
250 g geriebener Käse (z. B. Gouda)
1 EL Öl

SPEED KOCHEN

TORTILLA MIT THUNFISCH

ca. 12 Min. 4 Portionen

ZUTATEN

1 Dose Thunfischfilets (à 115 g)
1 Ei (hartgekocht)
einige Blätter Salat
1 rote Zwiebel
2 Stängel Dill
1 Handvoll schwarze Oliven (Glas, entkernt)
1 EL Salatmayonnaise
1 EL Kapern
Salz
frisch gemahlener Pfeffer
4 dünne Weizentortillas

ZUBEREITUNG

1. Thunfisch abtropfen lassen und mit der Gabel in mundgerechte Stücke teilen. Ei schälen und klein schneiden. Salat waschen, trocken schleudern, Blätter trennen und gegebenenfalls zerkleinern. Zwiebel schälen und in Streifen schneiden.

2. Dill waschen, trocken schütteln und Fähnchen fein hacken. Oliven abtropfen lassen und ebenfalls fein hacken. Thunfisch, Mayonnaise und Ei vorsichtig vermengen und Kapern, Oliven, Zwiebel sowie Dill unterheben. Mit Salz und Pfeffer abschmecken.

3. Tortillas in einer beschichteten Pfanne oder in der Mikrowelle einige Sekunden erwärmen. Salatblätter darauflegen, Thunfisch-Mischung gleichmäßig darauf verteilen und Tortillas aufrollen.

Tipp Damit die dünnen Tortillafladen nicht durchweichen, können Sie auch mehrere Tortillas um die Füllung wickeln.

COUSCOUS-WRAP MIT WÜRZIGER SOSSE

ca. 15 Min. (+ ca. 5 Min. Quellzeit) *3 Portionen*

ZUBEREITUNG

1. Brühe zum Kochen bringen und Couscous einrühren, einmal aufkochen. Vom Herd nehmen und zugedeckt ca. 5 Minuten quellen lassen. Durchrühren und unter gelegentlichem Umrühren abkühlen lassen.

2. Zwiebel schälen und hacken. Tomate waschen, vom Stielansatz befreien und würfeln. Paprikaschoten waschen, entkernen und in Streifen schneiden. Salat waschen und trocken schleudern. Gurke waschen und in Scheiben schneiden. Tortillas einige Sekunden in der Mikrowelle erwärmen.

3. Tortillas mit einigen Esslöffeln Hummus bestreichen, Couscous darübergeben und noch etwas Hummus darauf verteilen. Zwiebeln, Tomate, Gurke und Paprika darauflegen und mit Salat bedecken. Unterseite der Tortillas einschlagen und seitlich fest einrollen. Nach Belieben Wraps vor dem Servieren in einer Grillpfanne erwärmen. Mit etwas Chili- oder Knoblauchsoße servieren.

ZUTATEN

100 ml Gemüsebrühe
50 g Couscous
1 Zwiebel
1 Tomate
1 rote Paprikaschote
1 gelbe Paprikaschote
einige Blätter Salat
1 kleines Stück unbehandelte Gurke
3 große Weizentortillas
einige EL Hummus
Chili- oder Knoblauchsoße

SPEED
KOCHEN

GERICHTE BIS 30 MINUTEN

SPEED KOCHEN

BREAKFAST-BURRITOS MIT EIERN UND BACON

ca. 5 Min. ca. 20 Min. 4 Portionen

ZUTATEN

1 gelbe Paprikaschote
1 grüne Paprikaschote
1/2 Bund Petersilie
150 g Bacon
1 TL Butter
6 Eier
50 g Sahne
150 g geriebener Käse
Salz
Cayennepfeffer
4 Weizentortillas

ZUBEREITUNG

1. Paprikaschoten putzen, waschen und in Streifen schneiden. Petersilie waschen, trocken schütteln und Blättchen fein hacken.

2. Backofen auf 200 °C (Umluft: 180 °C) vorheizen. Bacon in Würfel schneiden und ohne Fettzugabe kross anbraten. Petersilie zugeben und beiseitestellen.

3. Butter erhitzen, Eier mit Sahne verrühren und auf kleiner Flamme stocken lassen. Käse untermischen und mit Salz und Cayennepfeffer abschmecken.

4. Paprika, Bacon und Eier-Käse-Masse gleichmäßig auf die Tortillas verteilen und zusammenrollen. Breakfast-Burritos in eine Auflaufform legen und im vorgeheizten Backofen ca. 3–4 Minuten erhitzen. Schräg in der Mitte durchschneiden und servieren.

CHILI-CON-CARNE-WRAPS

ca. 5 Min. ca. 20 Min. 3 Portionen

ZUBEREITUNG

1. Tortillas einige Sekunden in der Mikrowelle oder in einer beschichteten Pfanne erwärmen. Zwiebel schälen und fein hacken. Salat waschen, trocken schleudern und in Blätter teilen. Peperoni abtropfen lassen, Stielansatz entfernen und Peperoni klein schneiden. Hackfleisch mit Salz, Pfeffer und Cayennepfeffer würzen.

2. Etwas Öl erhitzen und Hackfleisch darin krümelig braten. Zwiebel zugeben und braten, bis Hackfleisch und Zwiebel Farbe genommen haben.

3. Burrito-Würzmischung einrühren, Pizzatomaten und Peperoni unterrühren und 200 Milliliter Wasser zugießen. Ca. 10–15 Minuten köcheln lassen, bis die Flüssigkeit fast vollständig einreduziert ist.

4. Tortillas mit Salat, Hackfleisch-Mischung und Mais belegen. Mit Chilisoße beträufeln, untere Seite der Tortillas einschlagen und Tortillas aufrollen.

ZUTATEN

9 Weizentortillas
1 Zwiebel
1/2 Kopf Salat (z. B. Lollo rosso)
1 Peperoni (Glas)
500 g gemischtes Hackfleisch
Salz
frisch gemahlener Pfeffer
Cayennepfeffer
etwas Öl zum Braten
1 Pck. Burrito-Würzmischung
400 g Pizzatomaten (Dose)
1/2 Dose Mais
1/2 Fläschchen Chilisoße

SPEED KOCHEN

LACHS-RÖLLCHEN

ca. 5 Min. ca. 20 Min. 4 Portionen

ZUTATEN

1/2 Salatgurke
250 ml Milch
2 Eier
125 g Mehl
Salz
frisch gemahlener Pfeffer
40 g Butter
200 g Schmand oder Crème fraîche
1 EL Zitronensaft
2 EL gehackter Dill und einige Fähnchen Dill für die Garnitur
200 g Räucherlachs

ZUBEREITUNG

1. Gurke schälen und in dicke Stifte schneiden. Milch, Eier und Mehl glatt rühren, salzen und pfeffern und kurz ruhen lassen. Ein Viertel der Butter erhitzen und darin ein Viertel des Teigs zu einem Pfannkuchen ausbacken. Noch dreimal mit der restlichen Butter und dem restlichen Teig wiederholen. Pfannkuchen abkühlen lassen.

2. Schmand oder Crème fraîche, Zitronensaft und Dill gut vermischen und mit Salz und Pfeffer abschmecken. Pfannkuchen damit bestreichen und Räucherlachs und Gurke darauflegen.

3. Pfannkuchen aufrollen und in ca. 2–3 Zentimeter dicke Rollen schneiden. Mit restlicher Dillcreme und einigen Fähnchen Dill garniert servieren.

PILZ-PFANNKUCHEN-WRAPS

ca. 5 Min. (+ ca. 10 Min. Quellzeit) *ca. 20 Min.* *2 Portionen*

ZUBEREITUNG

1. Mehl, Milch und Ei mit etwas Salz und Pfeffer verquirlen und ca. 10 Minuten quellen lassen. Pilze putzen und klein schneiden, Schalotten schälen und fein würfeln. Kräuter waschen, trocken schütteln und fein hacken.

2. 2 Esslöffel Öl erhitzen und Schalotten darin glasig anbraten. Pilze zugeben und ca. 4 Minuten bei milder bis mittlerer Hitze braten. Übriges Mehl darüberstäuben und unterheben, Wein zugeben und alles verrühren.

3. Aufkochen lassen, Sahne zugeben und ca. 1–2 Minuten bis zur gewünschten Sämigkeit einkochen. Crème fraîche nach Geschmack zugeben. Mit Salz und Pfeffer abschmecken und warm halten.

4. Restliches Öl erhitzen und aus dem Pfannkuchenteig zwei dünne Pfannkuchen backen. Pilzfüllung mit Kräutern gleichmäßig auf den Pfannkuchen verteilen und Pfannkuchen fest zusammenrollen.

ZUTATEN

65 g Mehl und 1 EL Mehl für die Füllung
100 ml Milch
1 Ei
Salz
frisch gemahlener Pfeffer
100 g Pilze (z. B. Champignons, Pfifferlinge)
2 Schalotten
frische Kräuter (z. B. Schnittlauch)
2 1/2 EL Öl
6 EL Weißwein
100 g Schlagsahne
nach Geschmack 1 EL Crème fraîche

SPEED KOCHEN

BOLOGNESE-WRAPS

ca. 5 Min. ca. 25 Min. 2 Portionen

ZUTATEN

1 kleine Zwiebel
2 Salatblätter (z. B. Eisbergsalat)
1 rote Paprikaschote
1/2 Dose Mais
Kräuter (z. B. Schnittlauch, Petersilie) für die Garnitur
1 EL Öl
200 g Hackfleisch
1 TL Tomatenmark
1/2 TL getrocknete italienische Kräuter, Salz
frisch gemahlener Pfeffer
einige EL stückige Tomaten mit Kräutern
2 Weizentortillas
4 Scheiben Käse

ZUBEREITUNG

1. Zwiebel schälen und würfeln. Salat waschen und trocken schütteln. Paprikaschote waschen, entkernen und fein würfeln. Mais gut abtropfen lassen. Kräuter waschen und trocken schütteln.

2. Öl erhitzen, Zwiebel darin glasig braten, Hackfleisch zugeben und krümelig anbraten. Tomatenmark und getrocknete Kräuter zugeben und kurz mitbraten. Mit Salz und Pfeffer würzen, stückige Tomaten, Paprika und Mais zugeben und alles ca. 5 Minuten köcheln lassen.

3. Tortillas einige Sekunden in einer beschichteten Pfanne oder in der Mikrowelle erwärmen. Salat und Käse darauflegen, Hackfleisch-Mischung darauf verteilen und Tortillas aufrollen. In der Mitte durchschneiden und mit Kräutern garniert servieren.

Tipp Für grüne Tortillas 200 Gramm Mehl, 1/2 Teelöffel Backpulver und 1 Prise Salz mischen. 60 Gramm Spinat und 90 Milliliter Milch glatt rühren und mit 2 Esslöffeln Öl mit dem Mehl verkneten. Ca. 20 Minuten kalt stellen und zu 6 Fladen ausrollen. Jeweils ca. 30 Sekunden pro Seite in heißem Öl backen.

TORTILLA-SPINAT-GRATIN

ca. 5 Min. ca. 25 Min. 2–3 Portionen

ZUBEREITUNG

1. Backofen auf 200 °C (Umluft: 180 °C) vorheizen. Zwiebel und Knoblauch schälen, fein würfeln und im heißen Öl glasig dünsten. Blattspinat zugeben und garen. Magerquark und 50 Gramm Emmentaler unterrühren. Mit Salz, Pfeffer und Muskat abschmecken.

2. Tomaten mit 50 Millilitern kaltem Wasser und Beutelinhalt Fix für Tomaten Bolognese verrühren. Weizentortillas damit bestreichen. Spinatfüllung darauf verteilen und aufrollen, in der Mitte schräg durchschneiden und in eine flache Auflaufform schichten. Mit restlichem Emmentaler bestreuen.

3. Tortillas im vorgeheizten Backofen ca. 20 Minuten überbacken.

ZUTATEN

1 Zwiebel
1 Knoblauchzehe
1 EL Pflanzenöl
450 g Blattspinat (TK-Produkt, aufgetaut)
100 g Magerquark
100 g geriebener Emmentaler
Salz
frisch gemahlener Pfeffer
etwas frisch geriebener Muskat
1 Dose stückige Tomaten
1 Beutel Fix für Tomaten Bolognese (z. B. von Knorr)
5–6 Weizentortillas

SPEED KOCHEN

QUESADILLAS MIT GEGRILLTER AVOCADO

ca. 10 Min. ca. 15 Min. 4 Portionen

ZUTATEN

2 Tomaten
2 reife Avocados
etwas Olivenöl
etwas Limettensaft
Salz
frisch gemahlener Pfeffer
frische Kräuter (z. B. Schnittlauch)
4 Schalotten
2 kleine rote Chilischoten
8 mittelgroße Weizentortillas
200 g geriebener Käse
etwas Salsa

ZUBEREITUNG

1. Tomaten waschen, vom Stielansatz befreien und in Scheiben schneiden. Avocados halbieren, Kern entfernen und Fruchtfleisch in Streifen schneiden, mit etwas Olivenöl und Limettensaft bestreichen und kurz auf dem Grill oder im Backofen mit Grillfunktion grillen. Mit Salz und Pfeffer würzen. Kräuter waschen, trocken schütteln und Blättchen fein hacken.

2. Schalotten putzen, waschen und in Würfel schneiden. Chilischoten waschen, halbieren, entkernen und in feine Streifen schneiden.

3. Eine Tortilla in eine beschichtete Pfanne ohne Fettzugabe legen und mit etwas Käse bestreuen. Tomaten, Avocados, Kräuter, Schalotten und Chili darauf verteilen, mit Käse bedecken und eine weitere Tortilla darauflegen. Leicht andrücken und ca. 1–2 Minuten braten, bis der Käse geschmolzen ist. Mit den übrigen Tortillas genauso verfahren. Tortillas in vier Stücke teilen und mit Salsa servieren.

REGISTER

IMPRESSUM

www.otus.ch
ISBN 978-3-03793-603-0

Komplettproducing: twinbooks, München
Texte: Jana Lösch, Melanie Goldmann für twinbooks, München
Text- und Abbildungsverzeichnis: Knorr: 76/77; Shutterstock Images: 2, 29 Ennar; 5 casanisa; 6 Olga Nayashkova; 8 focuslight; 9 re. Shebeko; 9 li. comeirrez; 13, 49 Nataliya Arzamasova; 14 Karl Allgaeuer; 17 Elena Shashkina; 18 inewsfoto; 21 Francesco83; 22 MSPhotographic; 25 Brent Hofacker; 26 Stephanie Frey; 30 margouillat photo; 33 tacar; 34 sarsmis; 37 svry; 41, 45 PG Studija; 42 jabiru; 46, 57, 58, 68, 75 Timolina; 50 shaziafolio; 53 marysckin; 54 Oleksandra Naumenko; 61 SEAGULL_L; 62 stockcreations; 67 Arina P Habich; 71 Danie Nel; 72 Africa Studio; 79 istetiana; Schmuckabbildungen: Shutterstock Images/Macrovector, Cover: Shutterstock Images/ Timolina